5 minutos de gratitud

5 minutos de gratitud

UN DIARIO PARA AGRADECER, PRACTICAR LA POSITIVIDAD Y ENCONTRAR LA FELICIDAD

Dra. Sophia Godkin

AGUILAR

5 minutos de gratitud
Un diario para agradecer, practicar la positividad y encontrar la felicidad

Título original: *The 5-Minute Gratitude Jornal. Give Thanks, Practice Posivity, Find Joy*

Primera edición en México: octubre, 2023
Primera reimpresión: febrero, 2024

D. R. © 2020, Dra. Sophia Godkin, por el texto

D. R. © 2020, por Dra. Sophia Godkin
Primera edición en Estados Unidos: Rockridge Press

D. R. © 2024, derechos de edición mundiales en lengua castellana:
Penguin Random House Grupo Editorial, S. A. de C. V.
Blvd. Miguel de Cervantes Saavedra núm. 301, 1er piso,
colonia Granada, alcaldía Miguel Hidalgo, C. P. 11520,
Ciudad de México

penguinlibros.com

D. R. © 2023, Gloria Padilla Sierra, por la traducción
D. R. © 2023, CWRaw Designs, por la fotografía de la autora de página 138

ISBN: 978-607-383-610-4

Impreso en México – *Printed in Mexico*

PARA MI AMIGO
PRIEL SCHMALBACH

INTRODUCCIÓN

Bienvenido a *5 minutos de gratitud*: el compañero que te inducirá paz mental durante las siguientes semanas, meses o tal vez años. Soy la Dra. Sophia Godkin y soy lo que podrías llamar una «creyente en la gratitud». Como psicóloga, *coach* de felicidad y profesora en la cátedra de psicología positiva, a menudo me preguntan cuál es el secreto de la felicidad. ¿Qué respondo? El secreto de la felicidad es simple y comienza con la gratitud.

La gratitud es ese sentimiento de agradecimiento que tenemos por la gente, las experiencias y las cosas que suceden en nuestra vida, y que nos han ayudado o dado algún tipo de apoyo. Reconoces la gratitud cuando te sientes vivo, dichoso y satisfecho con tu vida justo como es en ese momento. Sabes que has cultivado la gratitud durante algún tiempo cuando te sientes una persona más fuerte, feliz y optimista, y también cuando te sientes más compasivo, amable y conectado con los demás en todos sentidos.

Mi propio trayecto con la gratitud inició muy pronto al llegar a la adultez, cuando varios desafíos en mi vida personal me revelaron el vínculo recóndito entre mi estado mental y mi felicidad: mientras más insatisfecha o desagradecida me sentía, más difícil me resultaba acceder a las emociones positivas. Cuando descubrí esta conexión, eso me llevó a buscar las estrategias simples, pero eficientes, en que los científicos y maestros espirituales por igual informan lograr los mayores beneficios para elevar la felicidad. A través de investigar y ejercer una práctica personal, rápidamente aprendí que la gratitud es una poderosa herramienta que no tiene comparación. Cuando se ejercita de manera ocasional, la gratitud tiene un efecto notable en nuestra vida diaria; si se practica en forma consistente, puede transformar nuestras vidas y mejorarlas de modos extraordinarios que no podríamos haber imaginado.

Se dice que todos los buenos hábitos inician con pequeños pasos. En ese caso, llevar un diario de gratitud es la forma perfecta para que la práctica pase de ser ocasional a volverse algo consistente. Mientras más lo haces, más se convierte en un hábito, y mientras más se convierte en hábito, más fácil se vuelve para ti hacerlo todos los días. ¿Sabes cuál es la mejor parte? Incluso las personas más ocupadas nunca lo están tanto como para no beneficiarse de llevar un diario durante solo cinco minutos al día.

EL PODER DE LA GRATITUD

La gratitud es una práctica que otorga beneficios universales. Según Robert Emmons, el principal experto mundial en el tema de la gratitud, no existe ningún área en la vida que no mejore cuando usamos el agradecimiento como la lente a través de la cual la vemos.

En lo que se refiere al bienestar emocional, las personas que se ejercitan de manera consistente en la gratitud tienden a ser más felices, más optimistas y a estar más satisfechas con la vida que aquellos que no la practican. En cuanto a las relaciones e interacciones sociales, las personas con una práctica consistente de la gratitud se sienten menos solas y aisladas, son capaces de fortalecer sus relaciones íntimas y adoptan la sensación de ser más extrovertidas, tolerantes, compasivas y generosas. De igual manera, quienes se ejercitan en la gratitud, aunque sea por cinco minutos diarios, tienden a experimentar una mejoría en su salud física que se refleja en una presión arterial más baja, sistemas inmunitarios más fuertes, sueño más largo y profundo, y menos dolores y molestias físicas. Además, la gratitud y las emociones positivas operan en combinación: la gratitud fortalece nuestra capacidad de afrontar el estrés y nos alienta a vivir en el presente y celebrarlo, en tanto que las emociones positivas, como la felicidad, nos ayudan a reconocer hacia quién o qué hemos de estar agradecidos todos los días.

CÓMO USAR ESTE DIARIO

5 minutos de gratitud vuelve fácil y disfrutable la práctica diaria de la gratitud. Cada vez que tengas cinco minutos libres, simplemente abre tu diario, escribe la fecha y empieza a escribir. Antes de que siquiera te des cuenta, te sentirás más ligero y optimista. Estos son unos cuantos consejos de cómo ir resolviendo las características de este diario y cómo puedes sacarle el mayor provecho a tu experiencia al llevarlo.

ENUNCIADOS QUE INDUCEN A LA REFLEXIÓN. Cada entrada fechada incluye cuatro enunciados que inducen a la reflexión y cuyo propósito es inspirarte para que te percates de aquellas cosas, grandes y pequeñas, que de otro modo darías por sentadas todos los días. A medida que escribas, mantén la sensación de gratitud a través de tomarte un instante para saborear lo que representa la persona, experiencia o cosa por la que estás agradecido.

CITAS INSPIRADORAS. Mientras vayas recorriendo el diario, te encontrarás con citas inspiradoras de individuos sabios que provienen de todos los ámbitos y que entienden el poder de la gratitud, además de vivirla todos los días. La lectura de sus perspectivas únicas sobre la gratitud te invita a comprender y reconocer por qué estar agradecido es una parte esencial de una vida feliz, sana y llena de sentido.

AFIRMACIONES PODEROSAS Y POSITIVAS. Otra herramienta útil en tu diario son las afirmaciones; estas son declaraciones que te ayudan a cultivar una actitud optimista y positiva acerca de ti mismo y de tu vida. La simple costumbre de repetirte una afirmación cada vez que necesites «reiniciar tu actitud», te ayuda a encontrar inspiración, sentirte motivado u originar pensamientos y acciones positivas a lo largo de tu día.

Cada entrada del diario —que está cuidadosamente diseñada para transportarte hacia un estado de gratitud— requiere solo de cinco minutos para completarla. Por suerte, cinco minutos es todo lo que se necesita para comenzar y mantener un ejercicio regular de la gratitud que te beneficiará en muchos sentidos. Antes de que te des cuenta, ser agradecido no solo será algo que desees para ti, ¡será la persona en la que te convertirás!

Felicidades por dar el paso inicial para transformarte en una persona más agradecida. Sin importar cuáles sean tus metas personales, tus deseos individuales o tus razones para fomentar una actitud de agradecimiento, este diario está aquí para ayudarte en tu camino. Ya sabes cómo es la vida sin una práctica consistente de la gratitud, entonces ¿qué te parece si vemos cómo puede ser la vida con ella?

FECHA

———— / ———— / ————

*Ahora y siempre, es bueno detenernos un
momento en nuestra búsqueda de la felicidad
y simplemente ser felices.*

- GUILLAUME APOLLINAIRE

Una de las razones por las que mi vida ya es fabulosa. _____

_____

_____

Alguien cuya presencia hace que mi vida sea más agradable.

_____

_____

Algo que puedo hacer hoy y que siempre quise hacer. _____

_____

_____

Una hermosa razón para ser feliz en este instante. _____

_____

_____

ESTOY EMPEZANDO LA MEJOR PARTE
DE MI VIDA.

FECHA

—— / —— / ——

*Cuando empezamos a buscar
aquello que es correcto, nuestra vida empieza
a girar en nuevas direcciones
inimaginablemente emocionantes.*

- PAM GROUT

Un recuerdo inolvidable que atesoro. _____

_____

_____

Uno de los mejores aspectos de ser yo. _____

_____

_____

Algo que tengo ahora y que siempre quise. _____

_____

_____

Una nueva oportunidad que se abrió para mí hace poco.

_____

_____

SÉ QUE LO QUE SEA QUE ESTÉ PREDESTINADO
PARA MÍ VIENE EN CAMINO.

FECHA

____ / ____ / ____

El lugar para ser feliz es aquí. El momento
para ser feliz es ahora.
- ROBERT G. INGERSOLL

Una persona, sitio o cosa que me hace la vida más fácil y feliz.

_____

_____

Alguien que mejora mi vida tan solo con su presencia. _____

_____

_____

Algo que salió mucho mejor de lo que esperaba. _____

_____

_____

Algo en mi vida que hace que valga la pena vivirla. _____

_____

_____

MI VIDA ESTÁ LLENA DE COSAS MARAVILLOSAS
Y ADORO CADA MINUTO DE ELLA.

FECHA

——— / ——— / ———

Cúbrete de gratitud como si fuera un manto,
y ésta llenará cada rincón de tu vida.

- RUMI

Una cualidad que me encanta de alguno de mis mejores amigos. _____

_____

Lo que más agradezco de este momento. _____

_____

_____

Una oportunidad que tengo hoy y que antes solo era un sueño. _____

_____

Algo sobre mí que vale la pena celebrarse. _____

_____

_____

MI CAPACIDAD DE DICHA ES ILIMITADA.
MI POTENCIAL DE AMAR ES INFINITO.

FECHA

____ / ____ / ____

Practicar la gratitud es la forma en
que reconocemos que hay suficiente y
que somos suficiente.

- BRENÉ BROWN

Alguien que me ayudó a llegar a donde estoy ahora. _____

_____

_____

Algo que veo, escucho o siento, y que me recuerda la razón
por la que mi vida es tan maravillosa. _____

_____

_____

Un aspecto en el que mi vida es mejor ahora de lo que jamás
esperé. _____

_____

Una experiencia difícil que me ayudó a transformarme en una
mejor versión de mí mismo. _____

_____

ESTOY A PUNTO DE SER MÁS FELIZ
DE LO QUE JAMÁS HE SIDO.

FECHA

_____ / _____ / _____

El origen de la alegría es la capacidad de
agradecer... No es la alegría la que nos vuelve
agradecidos; es la gratitud la que nos
trae esa alegría.

– HERMANO DAVID STEINDL-RAST

Alguien con quien pude pasar un tiempo hoy. _____

_____

_____

Una razón para sonreír en este momento. _____

_____

_____

Una lección valiosa que aprendí de una situación difícil.

_____

_____

Algo que salió bien hoy. _____

_____

_____

TENGO TODO LO QUE NECESITO PARA TENER
UNA VIDA PLENA Y SATISFACTORIA.

FECHA

___ / ___ / ___

Cambia tu expectativa de agradecimiento
y el mundo cambiará al instante.

- TONY ROBBINS

Hasta el momento, lo que más me gusta de este día. _____
_____
_____

Algo que me facilita amar mi vida. _____
_____
_____

Alguien que me dio esperanzas en un mal día. _____
_____
_____

Algo que me encuentro al despertar y que me recuerda el
regalo que significa estar vivo. _____
_____
_____

AGRADEZCO HABER ESTADO DONDE ESTUVE,
ESTOY FELIZ DE ESTAR DONDE ESTOY Y ME EMOCIONA
PENSAR A DÓNDE LLEGARÉ.

FECHA

____ / ____ / ____

*Si empiezas a buscar las cosas buenas
de tu vida, podrías sorprenderte de cuántas
tienes en realidad.*

- STACIE MARTIN

Algo excelente de este día, que me hace anhelar la llegada de mañana. _____

_____

Una manera en que ya estoy viviendo mi vida y que me gusta.

_____

_____

Una segunda oportunidad que recibí. _____

_____

_____

Algo o alguien que me hace sonreír como si fuera un niño de nuevo. _____

_____

ESTOY APRENDIENDO Y DESARROLLÁNDOME
PARA UN FUTURO SATISFACTORIO Y POSITIVO.

FECHA

_____ / _____ / _____

A partir de hoy necesito olvidar lo que ya
pasó, agradecer lo que sigo teniendo y aspirar
a lo que vendrá después.

− ANÓNIMO

Algo en lo que creo y que me da esperanzas todos los días.

_____

_____

El mejor momento de hoy. _____

_____

_____

Un privilegio que tengo y que hasta ahora no he valorado.

_____

_____

Una crisis que me llevó a un avance. _____

_____

_____

LA VIDA ES UN VIAJE Y CON CADA DÍA ME
CONVIERTO EN ALGUIEN MÁS SABIO, MÁS FUERTE
Y MÁS VALIENTE.

FECHA

_____ / _____ / _____

Mi esperanza es que existen días
en que te enamoras de estar vivo.

- ANÓNIMO

Algo que puedo experimentar o imaginar, y que me inspira.

_____

_____

Una experiencia que atesoro porque me enseñó algo valioso.

_____

_____

Algo inspirador que alguien dijo o hizo. _____

_____

_____

Una razón evidente para agradecer por ser la persona en la
que me he convertido. _____

_____

ESTOY SINCERAMENTE AGRADECIDO DE SER
QUIEN SOY, ESTAR DONDE ESTOY Y TENER
LO QUE TENGO.

FECHA

——— / ——— / ———

Cuando amas lo que tienes,
tienes todo lo que necesitas.

- ANÓNIMO

Una simple razón para estar agradecido de vivir donde vivo.

_____

_____

Un momento en el que sentí que estaba en el lugar correcto y en el instante preciso. _____

_____

Algo maravilloso de este día que tal vez pasé por alto ayer.

_____

_____

Un pequeño detalle que tuvo alguien y que significó mucho para mí. _____

_____

TODOS LOS DÍAS AGRADEZCO CRECER,
SIN IMPORTAR LO LENTO DEL PROCESO.

FECHA

___ / ___ / ___

Descubrí que si amas la vida, la vida
te devuelve ese amor.
- ARTHUR RUBINSTEIN

Alguien o algo que hizo que hoy sea un buen día. _____
_____
_____

Alguien a quien no quiero dejar pasar la oportunidad de darle

las gracias. _____
_____

Un hecho reciente que confirma que las cosas están saliéndo-

me bien. _____
_____

Algo que le da sentido a mi vida. _____
_____
_____

TENGO CONFIANZA EN QUE TODO LO QUE
ESTÁ PASANDO AHORA OCURRE
PARA MI BENEFICIO.

FECHA

____ / ____ / ____

Mientras más gratitud expresas por lo que tienes, más probable será que tengas más cosas por las cuales expresar tu gratitud.

- ZIG ZIGLAR

Algo que me da placer en la vida. _____

_____

_____

Una capacidad que tengo la fortuna de poseer. _____

_____

_____

Una decisión que puedo tomar y que no todos pueden decidir.

_____

_____

El mayor beneficio de estar vivo en este momento. _____

_____

_____

HA SIDO MARAVILLOSO ESTAR DONDE ESTUVE,
PERO EL SITIO AL QUE VOY SERÁ
INCLUSO MEJOR.

FECHA

____ / ____ / ____

La cosa más importante que puedes hacer para
cambiar tu vida en este momento sería empezar
a sentirte agradecido de lo que tienes justo ahora.
Y mientras más agradecido estás, más obtienes.

– OPRAH WINFREY

El momento en que me sentí más vivo y pleno durante esta

semana. _____

_____

Una necesidad que tengo y que se está satisfaciendo ahora.

_____

_____

Un recuerdo inolvidable que atesoro. _____

_____

_____

Uno de los mejores aspectos de ser yo. _____

_____

_____

CADA DÍA DESCUBRO MANERAS NUEVAS Y SIMPLES
DE CREAR UNA VIDA QUE ME ENCANTE.

FECHA

——— / ——— / ———

*Un hermoso día inicia con una mentalidad
hermosa... Empieza a pensar en lo que puede
salir bien y, mejor aún, piensa en todo lo
que ya está bien.*

– JOHN GEIGER

Una razón por la que mi vida ya es maravillosa. _____

_____

_____

Una nueva oportunidad que se abrió para mí hace poco.

_____

_____

Algo en mi vida que hace que valga la pena vivir._____

_____

_____

Alguien con quien pude pasar un rato hoy. _____

_____

_____

TENGO UN PUNTO DE VISTA EQUILIBRADO; PUEDO
ENCONTRAR EL BIEN EN TODA SITUACIÓN.

FECHA

_____ / _____ / _____

Esta mañana abrí dos regalos: son mis ojos.
- ZIG ZIGLAR

Una persona, lugar o cosa que hace que mi vida sea más fácil
y feliz. _____

_____

_____

Alguien que me ayudó a llegar donde estoy. _____

_____

Una cualidad que me encanta de alguno de mis mejores amigos. _____

_____

_____

Algo que salió bien hoy. _____

_____

_____

ABRO MI MENTE Y CORAZÓN A LAS NUEVAS
OPORTUNIDADES Y A LAS POSIBILIDADES
INESPERADAS.

FECHA

_____ / _____ / _____

Cuando algo bueno suceda en tu día,
da las gracias. No importa lo pequeño
que sea, di gracias.

- RHONDA BYRNE

Alguien cuya presencia hace que mi vida sea más agradable.

_____

_____

Lo que más agradezco de este momento. _____

_____

_____

Algo que veo, escucho o siento, y que me recuerda por qué la

vida es tan increíble. _____

_____

Un privilegio que tengo y que hasta ahora no he valorado.

_____

_____

EL PASADO SE ACABÓ. CREO MI FUTURO CON
AQUELLO EN LO QUE ELIJO ENFOCAR MI ATENCIÓN
Y PENSAR EL DÍA DE HOY.

FECHA

_____ / _____ / _____

*Las cosas resultan mejor para la gente
que saca el mayor provecho de cómo
resultan las cosas.*

- JOHN WOODEN

Algo que puedo hacer hoy y que siempre quise hacer. _____

_____

_____

Un aspecto en el que mi vida es mejor ahora de lo que jamás

esperé. _____

_____

Una razón para sonreír en este preciso momento. _____

_____

_____

Algo excelente de este día es que me hace anhelar la llegada

de mañana. _____

_____

_____

CADA DECISIÓN QUE TOMO ME LLEVA HACIA
UN LUGAR MARAVILLOSO.

FECHA

——— / ——— / ———

El sol es perfecto y despertaste esta mañana...
Tienes un nombre y a alguien que lo pronuncie. Cinco
dedos en la mano y alguien que quiera estrecharla entre
la suya... Si comenzamos con eso, por el momento
todo está bien en el mundo.

- WARSAN SHIRE

Una hermosa razón para sentirme feliz justo ahora.———
——————————————————————————

Algo que tengo ahora y que siempre quise. ——————
——————————————————————————
——————————————————————————

Alguien que mejora mi vida tan solo con su presencia. ——
——————————————————————————
——————————————————————————

Algo sobre mí que vale la pena celebrarse. ——————
——————————————————————————
——————————————————————————

ES UNA ALEGRIA CONECTARME CONMIGO MISMO
Y CON EL MUNDO QUE ME RODEA DE MANERAS
GENTILES Y AMOROSAS.

FECHA

——— / ——— / ———

No existe cantidad suficiente de remordimiento
que pueda cambiar el pasado, ni cantidad suficiente
de preocupación que pueda cambiar el futuro, pero
cualquier medida de gratitud puede cambiar el presente.

- ANÓNIMO

Algo que salió mucho mejor de lo que esperaba. _____

_____

_____

Una oportunidad que tuve hoy con la que solo soñé antes.

_____

_____

Una experiencia difícil que me ayudó a transformarme en una

mejor versión de mí mismo. _____

_____

_____

Algo que salió bien hoy. _____

_____

ENTRO EN CONTACTO CON LA VIDA RESPIRANDO
PROFUNDAMENTE, CON LA MENTE ABIERTA
Y UN CORAZÓN AGRADECIDO.

FECHA

_____ / _____ / _____

Al despertar cada día, piensa: hoy tengo la fortuna de estar vivo. Tengo una vida humana, que es muy valiosa, y no voy a desperdiciarla.

− DALAI LAMA

Una lección valiosa que aprendí de una situación difícil.

_____

_____

Hasta este momento, lo que más me gusta de este día. _____

_____

_____

Una segunda oportunidad que recibí. _____

_____

_____

Algo que tengo y que me facilita amar mi vida. _____

_____

_____

ABORDO CADA INSTANTE DE MI VIDA CON
ASOMBRO, CURIOSIDAD Y GRATITUD.

FECHA

___ / ___ / ___

*De vez en cuando es bueno dejar de escalar
y agradecer la vista que tienes desde el sitio
preciso en el que estás.*

- LORI DESCHENE

Algo que me encuentro al despertar y que me recuerda el regalo que significa estar vivo. _____

_____

_____

El mejor momento de este día. _____

_____

Una crisis que me llevó a un avance. _____

_____

_____

Una razón evidente para agradecer por ser la persona en la que me he convertido. _____

_____

_____

TODO LO QUE SUCEDE, SEA UN ÉXITO O UN FRACASO,
ME AYUDA A SER UNA MEJOR PERSONA.

FECHA

——— / ——— / ———

Expresar gratitud por los milagros que se
presentan en tu mundo es una de las mejores
formas de volver especial cada instante de tu vida.

\- WAYNE DYER

Un sentido en el que ya estoy viviendo la vida que quiero.

_____

_____

Algo o alguien que me hace sonreír como si fuera un niño de

nuevo. _____

_____

Una experiencia que atesoro porque me enseñó algo valioso.

_____

_____

Un hecho reciente que confirma que las cosas están salién-

dome bien. _____

_____

ACEPTO LA INCERTIDUMBRE Y DEJO QUE
LA VIDA ME SORPRENDA DE MUCHAS FORMAS
INCREÍBLES.

FECHA

___ / ___ / ___

La gratitud crea el espacio para algo nuevo. Abre la posibilidad de sanar, de que las intenciones se presenten y que los milagros ocurran.

- PAM GROUT

Alguien que me dio esperanzas en un mal día. _____

_____

_____

Una simple razón para estar agradecido de vivir donde vivo.

_____

_____

Un pequeño detalle que tuvo alguien y que significó mucho para mí. _____

_____

Una capacidad que tengo la fortuna de poseer. _____

_____

_____

TODO LO QUE LLENO DE GRATITUD HOY ME
AYUDA A CREAR UN MAÑANA MÁS DICHOSO.

FECHA

_____ / _____ / _____

*Al abrir las cortinas cada mañana para dar
esa primera mirada al día que tengo por
delante... mi corazón se llena de gratitud.
Tengo otra oportunidad.*

- OPRAH WINFREY

Algo en lo que creo y que me da esperanzas todos los días.

_____

_____

Un momento en el que sentí que estaba en el lugar correcto y

en el instante preciso. _____

_____

_____

Algo que le da sentido a mi vida. _____

_____

El mayor beneficio de estar vivo en este momento. _____

_____

_____

MIRO AL PASADO CON UNA SONRISA Y VEO
AL FUTURO CON ESPERANZA.

FECHA

___ / ___ / ___

La lucha termina donde empieza la gratitud.
- NEALE DONALD WALSCH

Algo que puedo experimentar o imaginar, y que me inspira.

_____

_____

_____

Una decisión que puedo tomar y que no todos pueden decidir.

_____

_____

_____

Alguien a quien no quiero dejar pasar la oportunidad de darle

las gracias. _____

_____

Alguien o algo que hizo que hoy sea un buen día. _____

_____

_____

LA VIDA ES UNA SERIE DE PEQUEÑOS MILAGROS.
HOY ELIJO DARME CUENTA DE ELLOS
Y AGRADECERLOS TODOS.

FECHA

___ / ___ / ___

Hay tanto que agradecer; solo abre los ojos.
- ANÓNIMO

Algo inspirador que alguien dijo o hizo. _____

_____

_____

Una razón por la que mi vida ya es maravillosa. _____

_____

_____

_____

Algo que puedo hacer hoy y que siempre quise hacer. _____

_____

_____

Una nueva oportunidad que se abrió para mí hace poco.

_____

_____

_____

CON UN CORAZÓN AGRADECIDO, FÁCILMENTE
CREO UNA VIDA QUE ME ENCANTE.

FECHA

——— / ——— / ———

Olvida el ayer porque él ya te olvidó. No te afanes
por el mañana que aún no has conocido. En lugar
de ello, abre los ojos y el corazón hacia ese don
realmente valioso: el presente.

– STEVE MARABOLI

Algo maravilloso de este día que tal vez pasé por alto ayer.

_____

_____

Algo que me da placer en la vida. _____

_____

_____

Alguien cuya presencia hace que mi vida sea más amable.

_____

_____

Un recuerdo inolvidable que atesoro. _____

_____

_____

TENGO SUFICIENTE Y SOY SUFICIENTE.

FECHA

——— / ——— / ———

El secreto para tenerlo todo
es saber que ya lo tienes.

- ANÓNIMO

Una hermosa razón para ser feliz en este instante. ————————

———————————————————————————

———————————————————————————

Algo que tengo ahora y que siempre quise. ————————————

———————————————————————————

———————————————————————————

Una persona, sitio o cosa que me hace la vida más fácil y feliz.

———————————————————————————

Algo sobre mí que vale la pena celebrarse. ————————————

———————————————————————————

———————————————————————————

LA SIGUIENTE INSPIRACIÓN, SOLUCIÓN
O ENTENDIMIENTO SIEMPRE ESTÁ EN CUALQUIER
LUGAR DONDE YO ME ENCUENTRE.

FECHA

——— / ——— / ———

Aprecia todo... Aprecia tu equilibrio. Aprecia
tu vida. Apréciate a ti mismo.

– ANÓNIMO

Uno de los mejores aspectos de ser yo. _____
_____
_____

Alguien que mejora mi vida tan solo con su presencia. _____
_____
_____

Una cualidad que me encanta de alguno de mis mejores amigos. _____
_____
_____

Una oportunidad que tengo hoy y que antes solo era un sueño.
_____
_____
_____

EL AMOR ESTÁ DONDE QUIERA
QUE YO ESTÉ.

FECHA

____ / ____ / ____

*Un instante de gratitud hace la
diferencia en tu actitud.*
- BRUCE WILKINSON

Algo que salió mucho mejor de lo que esperaba. _____
_____
_____
_____

Lo que más agradezco de este momento. _____
_____
_____

Algo en mi vida que hace que valga la pena vivirla. _____
_____
_____

Alguien que me ayudó a llegar a donde estoy ahora. _____
_____
_____
_____

SÍ PUEDO.

FECHA

___ / ___ / ___

La gratitud es uno de los atajos más encantadores
para encontrar la paz mental y la felicidad interior.
Sin importar qué esté pasando afuera, siempre
hay algo por lo que podemos estar
agradecidos en nuestro interior.

- BARRY NEIL KAUFMAN

Algo que veo, escucho o siento, y que me recuerda la razón por la que mi vida es tan maravillosa. _____
_____
_____

Un aspecto en el que mi vida es mejor ahora de lo que jamás esperé. _____
_____

Una experiencia difícil que me ayudó a transformarme en una mejor versión de mí mismo. _____
_____

Alguien con quien pude pasar un tiempo hoy. _____
_____

ELIJO SER AGRADECIDO PORQUE ME ENCANTA
CÓMO ME HACE SENTIR SERLO.

FECHA

___ / ___ / ___

Siempre hay flores para aquellos
que quieren verlas.
- HENRI MATISSE

Una razón para sonreír en este momento. _____

_____

_____

_____

Una lección valiosa que aprendí de una situación difícil.

_____

_____

Algo que salió bien hoy. _____

_____

_____

Algo que tengo y que me facilita amar mi vida. _____

_____

_____

SIEMPRE HE TENIDO LA BENDICIÓN
DE POSEER TALENTOS Y CAPACIDADES ÚNICOS,
Y HOY LOS VEO, APRECIO Y USO.

FECHA

___ / ___ / ___

En la vida se tiene la opción de seguir uno
de dos caminos: esperar que llegué algún día
especial... o celebrar cada día especial.

\- RASHEED OGUNLARU

Hasta el momento, lo que más me gusta de este día. _____
_____
_____

Algo que me encuentro al despertar y que me recuerda el regalo que significa estar vivo. _____
_____
_____

Un sentido en el que ya estoy viviendo la vida que quiero.
_____
_____

Alguien que me dio esperanzas en un mal día. _____
_____
_____

ESTOY APRENDIENDO A ENAMORARME DE MI VIDA,
DE CADA MINUTO DE ELLA.

FECHA

_____ / _____ / _____

Siéntete feliz con lo que tienes; regocíjate
de que las cosas sean como son. Cuando te
das cuenta de que no te falta nada, todo
el mundo te pertenece.

– LAO TSE

Algo excelente de este día que me hace anhelar la llegada de

mañana. _____

_____

Algo en lo que creo y que me da esperanzas todos los días.

_____

_____

Un privilegio que tengo y que hasta ahora no he valorado.

_____

_____

Una crisis que me llevó a un avance. _____

_____

_____

ESTOY EN PAZ CON MI PASADO,
PROFUNDAMENTE SATISFECHO CON MI PRESENTE
Y EMOCIONADO CON MI FUTURO.

FECHA

——— / ——— / ———

Tener suficiente es un festín.
- Proverbio Budista

El mejor momento de hoy. _____
_____
_____

Algo o alguien que me hace sonreír como si fuera un niño de
nuevo. _____
_____
_____

Una segunda oportunidad que recibí. _____
_____
_____

Algo que puedo experimentar o imaginar, y que me inspira.
_____
_____

SOY EL PRODUCTO DE MIS DECISIONES, NO
DE MIS CIRCUNSTANCIAS... Y ME RESULTA FÁCIL
TOMAR BUENAS DECISIONES.

FECHA

——— / ——— / ———

Celebra aquellas cosas de las
que quieres ver más.

– TOM PETERS

Una experiencia que atesoro porque me enseñó algo valioso.

_____

_____

Una razón evidente para agradecer por ser la persona en la
que me he convertido. _____

_____

_____

Un momento en el que sentí que estaba en el lugar correcto y
en el instante preciso. _____

_____

_____

Una simple razón para estar agradecido de vivir donde vivo.

_____

_____

AMO LO QUE VEO EN MÍ.

FECHA

____ / ____ / ____

*En lo que se refiere a la vida, el elemento
esencial es si das las cosas por sentadas o
las tomas con gratitud.*

– G. K. CHESTERTON

Alguien o algo que hizo que hoy sea un buen día. _____

_____

_____

Un hecho reciente que confirma que las cosas están saliéndome bien. _____

_____

Un pequeño detalle que tuvo alguien y que significó mucho
para mí. _____

_____

Alguien a quien no quiero dejar pasar la oportunidad de darle
las gracias. _____

_____

ESTE MOMENTO NO TIENE ABSOLUTAMENTE NADA
MALO, SINO QUE TODO ESTÁ BIEN.

FECHA

_____ / _____ / _____

El mundo tiene bastantes montañas y
praderas, cielos espectaculares y lagos
serenos... Lo que el mundo necesita más
es gente que lo valore y disfrute.

− MICHAEL JOSEPHSON

Algo que le da sentido a mi vida. _____

_____

_____

Una capacidad que tengo la fortuna de poseer. _____

_____

_____

Una decisión que puedo tomar y que no todos pueden decidir. _____

_____

El mayor beneficio de estar vivo en este momento. _____

_____

_____

VIVO EN UN ESTADO NATURAL DE BIENESTAR
Y PAZ INTERIOR.

FECHA

___ / ___ / ___

*Solo podemos decir que estamos vivos en esos
momentos en que nuestros corazones tienen
conciencia de los tesoros que poseemos.*

- THORNTON WILDER

El momento en que me sentí más vivo y pleno durante esta
semana. _____

_____

Una necesidad que tengo y que se está satisfaciendo ahora.

_____

_____

Una razón por la que mi vida ya es maravillosa. _____

_____

_____

Alguien cuya presencia hace que mi vida sea más amable.

_____

_____

TODOS LOS DÍAS DESPIERTO AGRADECIDO
SIMPLEMENTE DE ESTAR VIVO.

FECHA

___ / ___ / ___

Cuando la vida es dulce, agradece
y celebra. Y cuando la vida sea amarga,
agradece y progresa.

− SHAUNA NIEQUIST

Una habilidad que poseo y que me beneficia de un modo
importante. _____
_____

Un simple placer que valoro. _____
_____
_____

La mejor parte de este día. _____
_____
_____

Un recuerdo inolvidable que atesoro. _____
_____
_____

HOY ESTOY RODEADO DE PUERTAS DE
OPORTUNIDAD QUE SOLO ESTÁN ESPERANDO
A QUE LAS ABRA.

FECHA

_____ / _____ / _____

Ama absolutamente todo lo que suceda
alguna vez en tu vida.
- PAUL CANTALUPO

Una razón por la que aprecio esta época del año. _____
_____
_____

Una libertad que tengo y que alguna vez no tomé en cuenta.
_____
_____

Lo que más me gusta de mi comunidad. _____
_____
_____

Un pequeño detalle que tuvo alguien y que significó mucho
para mí. _____
_____

MIS PROBLEMAS Y DESAFÍOS NO SON MÁS
QUE UN EJEMPLO DE "NO HAY MAL QUE POR BIEN
NO VENGA".

FECHA

—— / —— / ——

La alegría es una decisión, que en realidad
demuestra mucho valor, sobre la manera en
que vas a responder frente a la vida.

- WESS STAFFORD

Una lección valiosa que aprendí de una conversación difícil.

_____

_____

Una nueva oportunidad que se abrió para mí hace poco.

_____

_____

Algo que le da sentido a mi vida. _____

_____

_____

Algo de mí mismo que nunca cambiaría. _____

_____

_____

CADA DÍA DE MI VIDA ESTOY RODEADO
DE MUCHAS BUENAS COSAS, SEAN GRANDES
O PEQUEÑAS.

FECHA

____ / ____ / ____

*El agradecimiento puede hacer que
un día valga la pena, e incluso puede
cambiar una vida.*

- MARGARET COUSINS

Lo que más agradezco de este momento. _____

_____

_____

Una oportunidad que tengo hoy y que antes solo era un sueño.

_____

_____

Algo sobre mí que vale la pena celebrarse. _____

_____

_____

Alguien que me ayudó a llegar a donde estoy ahora. _____

_____

_____

LA VIDA MATERIALIZA DE MANERA LIBRE
Y NATURAL TODO LO QUE NECESITO, CUANDO
LO NECESITO.

FECHA

_____ / _____ / _____

La vida es un potente catalizador de la felicidad. Es la chispa que enciende un fuego de alegría en tu alma.
- AMY COLLETTE

Un privilegio que tengo y que hasta ahora no he valorado.

_____

_____

El mejor momento de hoy. _____

_____

_____

Una crisis que me llevó a un avance. _____

_____

_____

Una segunda oportunidad que recibí. _____

_____

_____

ESTOY EVOLUCIONANDO CONSTANTEMENTE
PARA CONVERTIRME EN MEJOR PERSONA, AMIGO
Y MIEMBRO DE MI COMUNIDAD.

FECHA

___ / ___ / ___

La vida no tiene que ser perfecta
para ser maravillosa.
- ANNETTE FUNICELLO

Un pequeño detalle que tuvo alguien y que significó mucho para mí. _____

_____

Alguien a quien no quiero dejar pasar la oportunidad de darle las gracias. _____

_____

_____

Un hecho reciente que confirma que las cosas están saliéndome bien. _____

_____

Algo que le da sentido a mi vida. _____

_____

_____

HOY CENTRO MI ATENCIÓN EN AQUELLO QUE
PUEDO CONTROLAR Y ME OLVIDO DE
TODO LO DEMÁS.

FECHA

———— / ———— / ————

Deja de preocuparte de los baches
del camino y disfruta del viaje.

− BABS HOFFMAN

Algo que puedo hacer hoy y que siempre quise hacer. ————

_____

_____

Una hermosa razón para ser feliz en este instante. ————

_____

_____

Un recuerdo inolvidable que atesoro. ————

_____

_____

_____

Uno de los mejores aspectos de ser yo. ————

_____

_____

TENGO TODO LO QUE NECESITO PARA HACER
QUE ESTE SEA UN BUEN DÍA.

FECHA

___ / ___ / ___

¿Cuál es la mejor parte de la vida? Todas las mañanas tienes una nueva oportunidad de convertirte en una versión más feliz de ti mismo.

– KELLI PEASE

Algo que tengo ahora y que siempre quise. _____

_____

_____

Una nueva oportunidad que se abrió para mí hace poco.

_____

_____

Una persona, lugar o cosa que hace que mi vida sea más fácil

y feliz. _____

_____

Alguien que mejora mi vida tan solo con su presencia. _____

_____

_____

TENGO UNA CAPACIDAD EQUILIBRADA PARA
AGRADECER LO QUE TENGO Y ESFORZARME
EN LO QUE QUIERO.

FECHA

—— / —— / ——

Si miras hacia el sitio correcto, puedes ver
que el mundo entero es un jardín.

- FRANCES HODGSON BURNETT

Algo que veo, escucho o siento, y que me recuerda la razón por la que mi vida es tan maravillosa. _____

_____

_____

Un aspecto en el que mi vida es mejor ahora de lo que jamás esperé. _____

_____

Una experiencia difícil que me ayudó a transformarme en una mejor versión de mí mismo. _____

_____

_____

Alguien con quien pude pasar un tiempo hoy. _____

_____

_____

ES FÁCIL ENCONTRAR MOMENTOS PLACENTEROS
Y CON SIGNIFICADO EN CADA DÍA.

FECHA

____ / ____ / ____

Nunca permitas que las cosas que quieres
te hagan olvidar las cosas que tienes.
− SANCHITA PANDEY

Una razón para sonreír en este momento. _____
_____
_____

Una lección valiosa que aprendí de una situación difícil. _____
_____
_____
_____

Hasta el momento, lo que más me gusta de este día. _____
_____
_____

Algo que tengo y que me facilita amar mi vida. _____
_____
_____

TODO EN MI VIDA SE DESARROLLA DE MANERA
CORRECTA Y PERFECTA.

FECHA

——— / ——— / ———

No temo al mañana, porque he visto
el ayer y me encanta el hoy.
– WILLIAM ALLEN WHITE

Algo que me encuentro al despertar y que me recuerda el regalo que significa estar vivo. _____

_____

_____

Un sentido en el que ya estoy viviendo la vida que quiero.

_____

_____

Alguien que me dio esperanzas en un mal día. _____

_____

_____

Algo que salió bien hoy. _____

_____

_____

¿POR QUÉ ENFOCARME EN LA CARENCIA
CUANDO PUEDO ENFOCARME EN TODO
LO QUE TENGO?

FECHA

———— / ———— / ————

La gratitud es la cosa más dulce en la vida de aquel que busca, en toda la vida humana. Si tienes gratitud en tu corazón, una tremenda dulzura se reflejará en tus ojos.

– SRI CHINMOY

Algo inspirador que alguien dijo o hizo. _____

_____

_____

Una razón evidente para agradecer por ser la persona en la que me he convertido. _____

_____

Una experiencia que atesoro porque me enseñó algo valioso.

_____

_____

Una simple razón para estar agradecido de vivir donde vivo.

_____

_____

ME DOY PERMISO DE NO APRESURAR LAS COSAS
PARA QUE ENTREN EN SU SITIO. HAY TIEMPO
SUFICIENTE PARA TODO.

FECHA

_____ / _____ / _____

No sabemos qué es lo que viene y la vida
es hermosa de todos modos.

- CHRISTINA BALDWIN

Algo que me da placer en la vida. _____

_____

_____

Una capacidad que tengo la fortuna de poseer. _____

_____

_____

Una decisión que puedo tomar y que no todos pueden decidir.

_____

_____

_____

El mayor beneficio de estar vivo en este momento. _____

_____

_____

A MEDIDA QUE IMAGINO LA VIDA QUE QUIERO,
ME ENAMORO DE LA VIDA QUE YA TENGO.

FECHA

___ / ___ / ___

Cuando hay gratitud, se adquiere conciencia
de que podemos encontrar la felicidad y
la paz, incluso cuando las cosas no
salen como queremos.

– ARIANNA HUFFINGTON

Un momento en el que sentí que estaba en el lugar correcto y en el instante preciso. _____

_____

Algo maravilloso de este día que tal vez pasé por alto ayer.

_____

_____

Algo que puedo experimentar o imaginar, y que me inspira.

_____

_____

Una cualidad que me encanta de alguno de mis mejores amigos. _____

_____

EN UN MUNDO LLENO DE DECISIONES,
DECIDO VER EL BIEN.

FECHA

_____ / _____ / _____

*Tu visión se volverá clara solo cuando
puedas mirar dentro de tu corazón. Quien
mira al exterior, sueña; quien mira al
interior, despierta.*

– CARL JUNG

Algo que salió mucho mejor de lo que esperaba. _____
_____
_____

Algo en mi vida que hace que valga la pena vivirla. _____
_____
_____

Algo o alguien que me hace sonreír como si fuera un niño de
nuevo. _____
_____

Algo que salió bien hoy. _____
_____

RECONOZCO LAS MUCHAS CUALIDADES
POSITIVAS QUE TENGO Y LAS COMPARTO CON
LOS DEMÁS.

FECHA

____ / ____ / ____

Cuando centras tu atención en lo bueno,
lo bueno se vuelve mejor.

- ABRAHAM HICKS

Un aspecto en el que mi vida es mejor ahora de lo que jamás
esperé. _____

_____

Una experiencia difícil que me ayudó a transformarme en una
mejor versión de mí mismo. _____

_____

_____

Alguien con quien pude pasar un tiempo hoy. _____

_____

_____

Una razón para sonreír en este momento. _____

_____

_____

MIENTRAS MÁS AGRADECIDO SOY, MÁS FÁCIL
ME RESULTA ENCONTRAR LA FELICIDAD EN EL
MOMENTO PRESENTE.

FECHA

—— / —— / ——

*No te apresures a juzgar cuán pesaroso
o maravilloso fue tu pasado, qué tan bueno o
malo es tu presente, o lo estupendo que será
tu futuro. Siéntete feliz con el ahora.*

\- NAJWA ZEBIAN

Una crisis que me llevó a un avance. _____

_____

Algo o alguien que me hace sonreír como si fuera un niño de

nuevo. _____

_____

Una segunda oportunidad que recibí. _____

_____

_____

Algo que puedo experimentar o imaginar, y que me inspira.

_____

_____

APRECIAR A LA GENTE, LAS EXPERIENCIAS
O LAS COSAS ES UNA PARTE NORMAL
DE MI VIDA DIARIA.

FECHA

____ / ____ / ____

Agradece lo que tienes y terminarás teniendo
más. Si te concentras en lo que no tienes,
jamás tendrás suficiente.

- OPRAH WINFREY

Una hermosa razón para ser feliz en este instante. _____

_____

_____

Un recuerdo inolvidable que atesoro. _____

_____

_____

Algo que tengo ahora y que siempre quise. _____

_____

_____

Una nueva oportunidad que se abrió para mí hace poco.

_____

_____

DEJO ATRÁS MIS VIEJOS HÁBITOS, INVITO A ENTRAR
EN MI MUNDO A LAS NUEVAS PERSPECTIVAS
Y LAS IDEAS ORIGINALES.

FECHA

_____ / _____ / _____

No tengo que perseguir los momentos
extraordinarios para encontrar la felicidad;
está justo frente a mí si le presto atención
y practico la gratitud.

- BRENÉ BROWN

Alguien que me ayudó a llegar a donde estoy ahora. _____

_____

_____

Algo que veo, escucho o siento, y que me recuerda la razón

por la que mi vida es tan maravillosa. _____

_____

Un aspecto en el que mi vida es mejor ahora de lo que jamás

esperé. _____

_____

Una razón para sonreír en este momento. _____

_____

_____

SIN IMPORTAR LO QUE PASE,
SIEMPRE ESTOY BIEN.

FECHA

——— / ——— / ———

La gratitud no cambia el paisaje. Tan solo
limpia el cristal a través del que miras para
que puedas ver con claridad los colores.

– RICHELLE E. GOODRICH

Alguien que me dio esperanzas en un mal día. _____
_____
_____

Una habilidad que poseo y que me beneficia de un modo importante. _____
_____

Lo que más me gusta de mi comunidad. _____
_____
_____

Alguien cuya presencia hace que mi vida sea más amable.
_____
_____

ESTE ES MI MOMENTO. CADA PASO Y TROPIEZO
ME CONDUJO HASTA AQUÍ.

FECHA

____ / ____ / ____

Cuando despiertas todos los días tienes
dos opciones. Puedes ser positivo o negativo;
optimista o pesimista. Yo elijo ser optimista.

- HARVEY MACKAY

Una razón que hoy me hace ansiar que llegue mañana.

_____

_____

Uno de los mejores aspectos de ser yo. _____

_____

_____

Algo que tengo ahora y que siempre quise. _____

_____

_____

Una nueva oportunidad que se abrió para mí hace poco.

_____

_____

NO SIEMPRE PUEDO CONTROLAR LO
QUE PASA ALLÁ AFUERA, PERO SÍ PUEDO CONTROLAR
CÓMO LO PERCIBO EN MI INTERIOR.

FECHA

—— / —— / ——

Siempre hay algo por lo que estar agradecido... Los
cielos se abren y la lluvia torrencial «arruina» tu día
y, de la nada, aparece el torrente de gratitud por
el agua que permite que la vida florezca.

– JEFF FOSTER

Lo que más agradezco de este momento. _____

_____

_____

Algo sobre mí que vale la pena celebrarse. _____

_____

_____

Una oportunidad que tengo hoy y que antes solo era un sueño.

_____

_____

Alguien que me ayudó a llegar a donde estoy ahora. _____

_____

_____

PUEDO SENTIRLO... HOY ES EL INICIO
DE ALGO BUENO.

FECHA

____ / ____ / ____

*He notado que la gente lidia demasiado con
lo negativo, con lo que está mal... ¿Por qué no
intentar lo contrario... ver las cosas positivas,
solo tocarlas y hacer que florezcan?*

— THICH NHAT HANH

Algo que me encuentro al despertar y que me recuerda el
regalo que significa estar vivo. _____

_____

Un sentido en el que ya estoy viviendo la vida que quiero.

_____

_____

Alguien que me dio esperanzas en un mal día. _____

_____

_____

Una segunda oportunidad que recibí. _____

_____

_____

TODO OCURRE POR UNA RAZÓN Y POR
UN MOMENTO. NO LAMENTO NADA
EN MI VIDA.

FECHA

——— / ——— / ———

Cuando te levantes por la mañana, da gracias por la luz, por tu vida, por tu fuerza... Si no encuentras ninguna razón para estar agradecido, el defecto está en ti.

– TECUMSEH

Una razón evidente para agradecer por ser la persona en la que me he convertido. _____

_____

Una simple razón para estar agradecido de vivir donde vivo.

_____

_____

Un momento en el que sentí que estaba en el lugar correcto y en el instante preciso. _____

_____

_____

Algo maravilloso de este día que tal vez pasé por alto ayer.

_____

_____

LLENO MI VIDA DE PERSONAS, LUGARES
Y CONVERSACIONES QUE ME HACEN SENTIR BIEN.

FECHA

____ / ____ / ____

*Algunas personas se quejan de que
las rosas tienen espinas; yo agradezco
que las espinas tengan rosas.*

- JEAN-BAPTISTE ALPHONSE KARR

Una capacidad que tengo la fortuna de poseer. _____

_____

_____

El mayor beneficio de estar vivo en este momento. _____

_____

_____

Una decisión que puedo tomar y que no todos pueden decidir.

_____

_____

El momento en que me sentí más vivo y pleno durante esta

semana. _____

_____

_____

HAY TANTAS RAZONES MARAVILLOSAS
PARA ESTAR AGRADECIDO.

FECHA

___ / ___ / ___

Necesitas aprender a seleccionar tus pensamientos
exactamente igual que seleccionas tu ropa todos
los días. Este es un poder que puedes cultivar.

– ELIZABETH GILBERT

Una razón por la que mi vida ya es maravillosa. _____
_____
_____

Algo de mí mismo que nunca cambiaría. _____
_____
_____

Una razón para sonreír en este momento. _____
_____
_____

Algo que tengo ahora y que siempre quise. _____
_____
_____

EN EL ESPACIO ENTRE DONDE ESTOY
Y DONDE QUIERO ESTAR ES DONDE
PROSPERO.

FECHA

_____ / _____ / _____

Acepto y amo la persona que solía ser. Acepto
y amo a la persona en la que me convertiré.

– FRANCES CANNON

Sentí que estaba en el lugar correcto y en el momento preciso cuando. _____

_____

Una razón que hoy me hace ansiar que llegue mañana.

_____

_____

Un recuerdo inolvidable que atesoro. _____

_____

_____

Una cualidad que me encanta de alguno de mis mejores amigos. _____

_____

_____

ME ES FÁCIL SENTIRME AGRADECIDO POR
LAS PEQUEÑAS COSAS, COMO EL SONIDO DE LA RISA,
UNA LLAMADA DE UN AMIGO O EL CALOR DEL
SOL SOBRE MI ROSTRO.

FECHA

_____ / _____ / _____

Sé feliz por este instante, porque
este instante es tu vida.

- OMAR KHAYYAM

Lo que más me gusta de mi comunidad. _____

_____

_____

_____

Algo que salió bien hoy. _____

_____

_____

Algo de mí mismo que nunca cambiaría. _____

_____

_____

Una nueva oportunidad que se abrió para mí hace poco.

_____

_____

_____

LA CALMA, LA CLARIDAD Y LA PAZ MENTAL
SON UNA PARTE NATURAL DE MI VIDA.

FECHA

—— / —— / ——

*La gratitud le da sentido a nuestro
pasado, trae la paz al presente y crea
una visión para el futuro.*

- MELODY BEATTIE

Algo que veo, escucho o siento, y que me recuerda la razón
por la que mi vida es tan maravillosa. _____
_____

Un aspecto en el que mi vida es mejor ahora de lo que jamás
esperé. _____
_____

Una experiencia difícil que me ayudó a transformarme en una
mejor versión de mí mismo. _____
_____
_____

Alguien con quien pude pasar un tiempo hoy. _____
_____
_____

MI CORAZÓN ESTÁ ABIERTO, MI MENTE
ESTÁ EN PAZ Y TODO ESTÁ BIEN.

FECHA

—— / —— / ——

Quejarnos de los problemas es nuestra
principal adicción. Deshazte de ese vicio.
Habla de tus alegrías.

– RITA SCHIANO

El mejor momento de hoy. _____

_____

_____

Un privilegio que tengo y que hasta ahora no he valorado.

_____

_____

Algo inspirador que alguien dijo o hizo. _____

_____

_____

Una crisis que me llevó a un avance. _____

_____

_____

_____

ELIJO VER MIS ERRORES COMO UNA
EXPERIENCIA DE APRENDIZAJE.

FECHA

——— / ——— / ———

A veces, las mejores cosas están justo
frente a ti; solo se necesita de un poco
de tiempo para verlas.

‐ GLADYS KNIGHT

Una simple razón para estar agradecido de vivir donde vivo.

_____

_____

Un momento en el que sentí que estaba en el lugar correcto
y en el instante preciso. _____

_____

_____

Algo maravilloso de este día que tal vez pasé por alto ayer.

_____

_____

El mayor beneficio de estar vivo en este momento. _____

_____

_____

HOY ES EL PRIMER DÍA DEL RESTO
DE MI VIDA.

FECHA

____ / ____ / ____

El hogar que tienes es lo único que necesitas
para albergar tus sueños. Ahora mismo.
Ni mañana ni el año siguiente.

\- SARAH BAN BREATHNACH

Una persona, lugar o cosa que hace que mi vida sea más fácil
y feliz. _____

_____

Una cualidad que me encanta de alguno de mis mejores amigos. _____

_____

Lo que más agradezco de este momento. _____

_____

_____

Una oportunidad que tengo hoy y que antes solo era un sueño.

_____

_____

RECIBO CON GUSTO LA OPORTUNIDAD
DE APRENDER, TOMAR RIESGOS, COMETER ERRORES
Y LEVANTARME DESPUÉS DE UNA CAÍDA.

FECHA

_____ / _____ / _____

Agradezco estar aquí, ser capaz de pensar,
ser capaz de ver y saborear, de poder valorar
el amor... Agradezco saber que existe.

‑ MAYA ANGELOU

Algo sobre mí que vale la pena celebrarse. _____
_____
_____

Alguien que me ayudó a llegar a donde estoy ahora. _____
_____
_____

Algo que veo, escucho o siento, y que me recuerda la razón
por la que mi vida es tan maravillosa. _____
_____
_____

Un aspecto en el que mi vida es mejor ahora de lo que jamás
esperé. _____
_____

MI VIDA SIEMPRE VA MEJORANDO.
YO SIEMPRE ME VUELVO MEJOR.

FECHA

_____ / _____ / _____

Agradezco las traiciones, penas y desafíos
del pasado... Pensé que me destrozarían, pero
me estaban esculpiendo.

- STEVE MARABOLI

Alguien con quien pude pasar un tiempo hoy. _____
_____
_____

Una razón para sonreír en este momento. _____
_____
_____
_____

Una lección valiosa que aprendí de una situación difícil.
_____
_____

Algo que salió bien hoy. _____
_____
_____

LA ALEGRÍA ESTÁ EN TODAS PARTES
Y ELIJO VERLA.

FECHA

——— / ——— / ———

*Tengo demasiados defectos como para ser
perfecto, pero tengo demasiadas bendiciones
como para ser ingrato.*

- ANÓNIMO

Algo que me encuentro al despertar y que me recuerda el

regalo que significa estar vivo. _____

_____

_____

Un sentido en el que ya estoy viviendo la vida que quiero.

_____

_____

Alguien que me dio esperanzas en un mal día. _____

_____

_____

Un privilegio que tengo y que hasta ahora no he valorado.

_____

_____

MI VIDA ES ABUNDANTE Y MIS DÍAS ESTÁN
LLENOS DE RAZONES PARA SONREÍR.

FECHA

_____ / _____ / _____

La gratitud es el ingrediente más importante
para tener una vida exitosa y satisfecha.

– JACK CANFIELD

Algo o alguien que me hace sonreír como si fuera un niño de nuevo. _____

_____

Una razón evidente para agradecer por ser la persona en la que me he convertido. _____

_____

_____

Algo que puedo experimentar o imaginar, y que me inspira.

_____

_____

Un pequeño detalle que tuvo alguien y que significó mucho para mí. _____

_____

CUANDO DE VERDAD ME DETENGO A MIRAR,
VEO QUE EN GENERAL LAS COSAS RESULTAN MEJOR
DE LO QUE PUDE HABER IMAGINADO.

FECHA

_____ / _____ / _____

Tu mantra es decir gracias. Solo sigue diciéndolo. No expliques. No te quejes. Solo di gracias. Dale las gracias a tu existencia.

– MOOJI

Alguien a quien no quiero dejar pasar la oportunidad de darle las gracias. _____

_____

Un hecho reciente que confirma que las cosas están saliéndome bien. _____

_____

Algo que le da sentido a mi vida. _____

_____

_____

Una decisión que puedo tomar y que no todos pueden decidir.

_____

_____

VEO LO MEJOR QUE EXISTE EN LOS DEMÁS,
Y ELLOS VEN Y HACEN SURGIR
LO MEJOR EN MÍ.

FECHA

___ / ___ / ___

*No arruines lo que tienes por desear lo que
no tienes; recuerda que lo que tienes ahora estuvo
alguna vez entre las cosas que anhelabas.*

- EPICURO

El mayor beneficio de estar vivo en este momento. _____
_____
_____

El momento en que me sentí más vivo y pleno durante esta
semana. _____
_____
_____

Una necesidad que tengo y que se está satisfaciendo ahora.
_____
_____

Algo que me da placer en la vida. _____
_____

SIN IMPORTAR LO DIFÍCILES QUE SE PONGAN
LAS COSAS, SIEMPRE HAY ALGUIEN DE QUIEN PUEDO
DEPENDER PARA ENCONTRAR AYUDA.

FECHA

____ / ____ / ____

La gratitud es la memoria del corazón.

- JEAN-BAPTISTE MASSIEU

Una simple razón para estar agradecido de vivir donde vivo.

_____

_____

Una crisis que me llevó a un avance. _____

_____

_____

Un aspecto en el que mi vida es mejor ahora de lo que jamás

esperé. _____

_____

_____

Algo maravilloso de este día que tal vez pasé por alto ayer.

_____

_____

MI VIDA ESTÁ LLENA DE OPCIONES.
CADA DÍA AGRADEZCO MÁS
Y MÁS MI LIBERTAD.

FECHA

____ / ____ / ____

Disponte a estar ciego a todos tus mañanas.
Un día, vivido plenamente, siempre será más
que suficiente. La gratitud es la llave y la
cerradura nunca se fabricó.

- JEFF FOSTER

Algo en lo que creo y que me da esperanzas todos los días.

_____

_____

El mejor momento de hoy. _____

_____

_____

Una segunda oportunidad que recibí. _____

_____

_____

Algo inspirador que alguien dijo o hizo. _____

_____

_____

EN UN MUNDO DONDE PUEDO SER CUALQUIER
COSA, ELIJO SER AGRADECIDO.

FECHA

——— / ——— / ———

Se reconoce que la vida de todos los días
es realmente buena cuando uno despierta
de una pesadilla horrible... ¿Por qué no
darse cuenta de ello ahora?

- WILLIAM LYON PHELPS

Una experiencia que atesoro porque me enseñó algo valioso.

_____

_____

Alguien o algo que hizo que hoy sea un buen día. _____

_____

_____

Una capacidad que tengo la fortuna de poseer. _____

_____

_____

Algo que tengo y que me facilita amar mi vida. _____

_____

_____

ESTOY EMPEZANDO A ENAMORARME DE LA
TRAVESÍA QUE REPRESENTA MI VIDA.

FECHA

____ / ____ / ____

La gratitud y la actitud no son
desafíos; son decisiones.

- ROBERT BRAATHE

Una experiencia difícil que me ayudó a transformarme en una mejor versión de mí mismo. _____

_____

_____

Algo excelente de este día es que me hace anhelar la llegada de mañana. _____

_____

_____

Alguien que mejora mi vida tan solo con su presencia. _____

_____

_____

Uno de los mejores aspectos de ser yo. _____

_____

_____

AVANZO POR ESTE DÍA CON SUAVIDAD
Y FACILIDAD.

FECHA

___ / ___ / ___

Practica adquirir conciencia de que todo
es un regalo, todo es gratuito, y si todo se
te da de manera gratuita, entonces la única
respuesta apropiada es el agradecimiento.
- DAVID STEINDL-RAST

Algo que tengo ahora y que siempre quise. _____
_____
_____

Una nueva oportunidad que se abrió para mí hace poco.
_____
_____

Hasta el momento, lo que más me gusta de este día. _____
_____
_____

Un simple placer que valoro. _____
_____
_____

HAY TANTA BELLEZA EN CADA
MINUTO DE MI VIDA.

FECHA

___ / ___ / ___

Cambia la manera en que ves las cosas
y las cosas que mires cambiarán.

- WAYNE DYER

Una hermosa razón para ser feliz en este instante. _____

_____

_____

Una habilidad que poseo y que me beneficia de un modo impor-

tante. _____

_____

_____

Lo que más me gusta de mi comunidad. _____

_____

_____

Una cualidad que me encanta de alguno de mis mejores ami-

gos. _____

_____

TODOS LOS DÍAS CREO NUEVOS HÁBITOS QUE
ME ACERCAN AL SITIO QUE QUIERO LLEGAR Y A LA
PERSONA EN LA QUE ME QUIERO CONVERTIR.

FECHA

——— / ——— / ———

Al levantarte por la mañana, piensa en el
privilegio de estar vivo, de respirar, de pensar,
de disfrutar y de amar.

- MARCO AURELIO

Una rutina que le da significado a mi vida. _____

_____

_____

Una experiencia difícil que me ayudó a transformarme en una

mejor versión de mí mismo. _____

_____

_____

Un recuerdo inolvidable que atesoro. _____

_____

_____

Algo de mí mismo que nunca cambiaría. _____

_____

MI VIDA ESTÁ LLENA DE RELACIONES
FUERTES, ALENTADORAS Y AMOROSAS
CON MI FAMILIA Y AMIGOS.

FECHA

___ / ___ / ___

Desea lo que tienes y entonces
puedes tener lo que quieres.
- FREDERICK DODSON

Algo que salió mucho mejor de lo que esperaba. _____
_____
_____

Una razón para sonreír en este momento. _____
_____
_____

Alguien cuya presencia hace que mi vida sea más amable.
_____
_____
_____

Algo en mi vida que hace que valga la pena vivirla. _____
_____
_____

LA VIDA ME RESPALDA EN TODOS LOS SENTIDOS
QUE NECESITO.

FECHA

____ / ____ / ____

Cuando estés buscando la alegría, siempre la
encontrarás escondida dentro de la gratitud.

- ANÓNIMO

Algo que puedo hacer hoy y que siempre quise hacer. _____

_____

_____

_____

Una razón por la que aprecio esta época del año. _____

_____

_____

Una libertad que tengo y que alguna vez no tomé en cuenta.

_____

_____

La mejor parte de este día. _____

_____

_____

ESTOY REBOSANTE DE GRATITUD Y MI CORAZÓN
ESTÁ SATISFECHO.

FECHA

____ / ____ / ____

Nada es más poderoso que permitir que las
cosas te conmuevan realmente. Ya sea una canción,
un desconocido, una montaña, una gota de lluvia...
Todo esto es para ti. Acéptalo y agradécelo.
Regálalo y siente el amor.

– AMELIA OLSON

Una cualidad que me encanta de alguno de mis mejores amigos. _____
_____

Lo que más agradezco de este momento. _____
_____
_____

Una oportunidad que tengo hoy y que antes solo era un sueño.
_____
_____

Algo sobre mí que vale la pena celebrarse. _____
_____
_____

ME DOY PERMISO DE HACER LO QUE
ME DA FELICIDAD.

FECHA

_____ / _____ / _____

Si suena bien y te hace sentir
bien, ¡entonces es bueno!
- DUKE ELLINGTON

Un sentido en el que ya estoy viviendo la vida que quiero.

_____

_____

_____

Un recuerdo inolvidable que atesoro. _____

_____

_____

Uno de los mejores aspectos de ser yo. _____

_____

_____

Algo que tengo ahora y que siempre quise. _____

_____

_____

_____

SOY FLEXIBLE, FLUIDO Y VIVO EN ARMONÍA
CON LA VIDA.

FECHA

_____ / _____ / _____

Aquellos con una mentalidad agradecida tienden a ver
el mensaje en medio del desorden y aunque la vida pueda
derribarlos, quienes son agradecidos encuentran razones,
por pequeñas que sean, para levantarse.
– STEVE MARABOLI

Alguien que me ayudó a llegar a donde estoy ahora. _____

_____

Algo que veo, escucho o siento, y que me recuerda la razón por

la que mi vida es tan maravillosa. _____

_____

Un aspecto en el que mi vida es mejor ahora de lo que jamás

esperé. _____

_____

Una experiencia difícil que me ayudó a transformarme en una

mejor versión de mí mismo. _____

_____

A MEDIDA QUE INVITO A LA GRATITUD
A QUEDARSE CONMIGO, EL TEMOR, LA DUDA
Y LA PREOCUPACIÓN SE DISIPAN.

FECHA

——— / ——— / ———

Cuando miramos aquello que nos satisfizo en la última semana, mes o década, fueron los vínculos, el amor y la apertura de nuestras vidas a los sitios por donde hemos transitado y las personas que hemos conocido. Esa es en realidad la base de la gratitud.

- JACK KORNFIELD

Alguien con quien pude pasar un tiempo hoy. _____

_____

Una razón para sonreír en este momento. _____

_____

_____

Una lección valiosa que aprendí de una situación difícil.

_____

_____

Algo que salió bien hoy. _____

_____

_____

ESTOY AGRADECIDO POR CADA MOMENTO DIFÍCIL.
CADA MOMENTO ES MI MAESTRO.

FECHA

_____ / _____ / _____

Las personas felices y totalmente sanas
deben bailar en el borde de una delgada
línea entre tener claro lo que desean y estar
agradecidas de lo que ya tienen.

- LISSA RANKIN

Un momento en el que sentí que estaba en el lugar correcto y en el instante preciso. _____

_____

Algo maravilloso de este día que tal vez pasé por alto ayer.

_____

_____

Un pequeño detalle que tuvo alguien y que significó mucho para mí. _____

_____

_____

Alguien o algo que hizo que hoy sea un buen día. _____

_____

ME SIENTO A GUSTO TANTO CON MIS FORTALEZAS
COMO CON MIS LÍMITES, CON MIS ÉXITOS
Y MIS DESAFÍOS.

FECHA

___ / ___ / ___

La gratitud conduce a la alegría.
Cuando agradeces con regularidad las cosas
que tienes, éstas se multiplicarán
una infinidad de veces.

– CHRISTIANE NORTHRUP

Alguien a quien no quiero dejar pasar la oportunidad de darle las gracias. _____

_____

Un hecho reciente que confirma que las cosas están saliéndome bien. _____

_____

Algo que le da sentido a mi vida. _____

_____

_____

Una decisión que puedo tomar y que no todos pueden decidir.

_____

_____

ES POSIBLE QUE NO TODOS LOS DÍAS
SEAN PERFECTOS, PERO SÍ HAY ALGO PERFECTO
EN CADA DÍA.

FECHA

___ / ___ / ___

Por todo el pasado y el presente, y por todo el
futuro que apenas puedo esperar: gracias.

– CECELIA AHERN

El mayor beneficio de estar vivo en este momento. _____

_____

_____

El momento en que me sentí más vivo y pleno durante esta

semana. _____

_____

_____

Una necesidad que tengo y que se está satisfaciendo ahora.

_____

_____

_____

Una capacidad que tengo la fortuna de poseer. _____

_____

_____

CELEBRO TODO LO QUE SOY Y TODO
LO QUE CONTRIBUYO AL MUNDO.

FECHA

___ / ___ / ___

Si no puedes cambiar la situación, cambia
cómo te sientes al respecto.

- ANÓNIMO

Algo que me encuentro al despertar y que me recuerda el regalo que significa estar vivo. _____

_____

Un sentido en el que ya estoy viviendo la vida que quiero.

_____

_____

_____

Alguien que me dio esperanzas en un mal día. _____

_____

_____

Una decisión que puedo tomar y que no todos pueden decidir.

_____

_____

_____

DOY GRACIAS Y BAILO AL RITMO
DE MI VIDA.

FECHA

——— / ——— / ———

Ama a quienes te valoran y valora
a quienes te aman.

- CONNOR CHALFANT

El mejor momento de hoy. _____
_____
_____

Un privilegio que tengo y que hasta ahora no he valorado.
_____
_____

Una crisis que me llevó a un avance. _____
_____
_____

Una segunda oportunidad que recibí. _____
_____
_____
_____

MI CONFIANZA EN MÍ MISMO Y EN
LA VIDA AUMENTA CONSTANTEMENTE. TODO
ES COMO DEBERÍA SER.

FECHA

___ / ___ / ___

*Valora realmente a quienes te rodean
y pronto descubrirás a muchos
otros alrededor de ti.*

- RALPH MARSTON

Algo inspirador que alguien dijo o hizo. _____

_____

Una experiencia que atesoro porque me enseñó algo valioso.

_____

_____

Una razón evidente para agradecer por ser la persona en la

que me he convertido. _____

_____

_____

Algo que me hace sonreír como si fuera un niño de nuevo.

_____

_____

VEO TANTAS COSAS POR LAS CUALES ESTAR
AGRADECIDO Y SÉ, SIN LUGAR A DUDAS, QUE
LA VIDA MERECE LA PENA VIVIRSE.

FECHA

_____ / _____ / _____

Por un minuto, camina afuera y
quédate en silencio. Levanta la mirada al cielo
y contempla lo asombrosa que es la vida.
- ANÓNIMO

Algo que puedo experimentar o imaginar, y que me inspira.

_____

_____

Una simple razón para estar agradecido de vivir donde vivo.

_____

_____

Algo que me da placer en la vida. _____

_____

_____

_____

Hasta el momento, lo que más me gusta de este día. _____

_____

_____

EL PRESENTE ESTÁ NUTRIDO DE NUEVOS
INICIOS Y NACIENTES COMIENZOS.

FECHA

____ / ____ / ____

Estoy agradecido por mis dificultades,
porque sin ellas no me hubiera topado
con mis fortalezas.

- ANÓNIMO

Una razón por la que mi vida ya es maravillosa. _____

_____

_____

Una habilidad que poseo y que me beneficia de un modo impor-

tante. _____

_____

Alguien cuya presencia hace que mi vida sea más amable.

_____

_____

Una hermosa razón para ser feliz en este instante. _____

_____

_____

_____

CUANDO MI AGRADECIMIENTO ES ABUNDANTE,
MI FELICIDAD ES INEVITABLE.

FECHA

____ / ____ / ____

*La gratitud libera la plenitud de la vida. Convierte
lo que tenemos en suficiente y más... La gratitud
le da sentido a nuestro pasado, trae la paz al
presente y crea una visión del futuro.*

– MELODY BEATTIE

Algo que puedo hacer hoy y que siempre quise hacer. _____

_____

_____

Un simple placer que valoro. _____

_____

_____

La mejor parte de este día. _____

_____

Un hecho reciente que confirma que las cosas están saliéndo-

me bien. _____

_____

YA NO ME PREOCUPO POR LO QUE PODRÍA SALIR
MAL. EN LUGAR DE ELLO, CENTRO MI ATENCIÓN
EN TODO LO QUE ESTÁ BIEN.

FECHA

____ / ____ / ____

*Dale a cada día la oportunidad de convertirse
en el más bello de tu vida.*

– MARK TWAIN

Una razón por la que aprecio esta época del año. _____

_____

_____

Una libertad que tengo y que alguna vez no tomé en cuenta.

_____

_____

_____

Lo que más me gusta de mi comunidad. _____

_____

_____

Alguien que me ayudó a llegar a donde estoy ahora. _____

_____

_____

PERMITO QUE LA CLARIDAD, EL AGRADECIMIENTO
Y LA CONFIANZA ME INDIQUEN EL CAMINO.

FECHA

_____ / _____ / _____

La gratitud pinta caritas sonrientes
en todo lo que toca.
- RICHELLE E. GOODRICH

Una nueva oportunidad que se abrió para mí hace poco.

_____

_____

Alguien que mejora mi vida tan solo con su presencia. _____

_____

_____

Una persona o cosa que hace que mi vida sea más fácil y feliz. _____

_____

_____

Algo que salió mucho mejor de lo que esperaba. _____

_____

_____

HAY TANTAS COSAS QUE
AMAR DE LA VIDA.

FECHA

———— / ———— / ————

Estoy tan contento de que estés aquí.
Eso me ayuda a darme cuenta de lo hermoso
que es mi mundo.

- RAINER MARIA RILKE

Algo de mí mismo que nunca cambiaría. _____
_____
_____

Algo en mi vida que hace que valga la pena vivirla. _____
_____
_____

Una razón por la que hoy ansío que llegue mañana. _____
_____
_____

Algo que veo, escucho o siento, y que me recuerda la razón
por la que mi vida es tan maravillosa. _____
_____
_____

MIRO A MI VIDA Y AL MUNDO EN EL
QUE VIVO CON OJOS DE AGRADECIMIENTO.

FECHA

____ / ____ / ____

Disfruta de las pequeñas cosas en la vida,
porque algún día mirarás atrás y te darás
cuenta de que eran grandes cosas.

- ANÓNIMO

Algo que puedo experimentar o imaginar, y que me inspira.

_____

_____

Una simple razón para estar agradecido de vivir donde vivo.

_____

_____

Una rutina que me da placer en la vida. _____

_____

_____

_____

Lo que más me gusta de este día. _____

_____

_____

PUEDO SER FELIZ CUANDO QUIERA SIN IMPORTAR
CUÁLES SEAN MIS CIRCUNSTANCIAS.

FECHA

___ / ___ / ___

Este es un día maravilloso. Nunca
antes lo he visto.

- MAYA ANGELOU

Algo en mi vida que hace que valga la pena vivirla. _____

_____

_____

Una cualidad que me encanta de alguno de mis mejores ami-

gos. _____

_____

_____

Lo que más agradezco de este momento. _____

_____

_____

Una oportunidad que tengo hoy y que antes solo era un sueño.

_____

_____

CREO EN MI CAPACIDAD DE
REMONTAR LAS OLAS DEL CAMBIO DE DIRECCIÓN
Y TRANSFORMARME CON FACILIDAD.

FECHA

_____ / _____ / _____

Una cosa que vale la pena hacer es tratar
de mejorar nuestra comprensión del mundo y de
adquirir un mejor aprecio por el universo... Porque,
de hecho, la vida es bastante buena. De verdad lo es.

– ELON MUSK

Alguien que me ayudó a llegar a donde estoy ahora. _____

_____

Algo que veo, escucho o siento, y que me recuerda la razón por

la que mi vida es tan maravillosa. _____

_____

Un aspecto en el que mi vida es mejor ahora de lo que jamás

esperé. _____

_____

_____

Una experiencia difícil que me ayudó a transformarme en una

mejor versión de mí mismo. _____

_____

_____

HOY SERÁ OTRO GRAN DÍA.

FECHA

——— / ——— / ———

Algunos días no tendremos una canción
en nuestro corazón. Canta de todos modos.
- EMORY AUSTIN

Alguien con quien pude pasar un tiempo hoy. _____
_____
_____

Una razón para sonreír en este momento. _____
_____
_____

Una lección valiosa que aprendí de una situación difícil.
_____
_____
_____

Algo que salió bien hoy. _____
_____
_____

ESTOY EN ARMONÍA CONMIGO MISMO
Y SINCRONIZADO CON MI ENTORNO.

FECHA

——— / ——— / ———

La gratitud puede convertir los días comunes
en días de acción de gracias.

- WILLIAM ARTHUR WARD

Algo que me encuentro al despertar y que me recuerda el
regalo que significa estar vivo. _____

_____

_____

Un sentido en el que ya estoy viviendo la vida que quiero.

_____

_____

Alguien que me dio esperanzas en un mal día. _____

_____

_____

Algo en lo que creo y que me da esperanzas todos los días.

_____

_____

ESPERO QUE TODAS LAS ADVERSIDADES
SE TRANSFORMEN EN RETORNOS Y QUE TODAS LAS
CRISIS SE TRANSFORMEN EN AVANCES.

FECHA

——— / ——— / ———

La mente es un espejo flexible; ajústalo
para ver un mundo mejor.

- AMIT RAY

Un privilegio que tengo y que hasta ahora no he valorado.

_____

_____

Algo inspirador que alguien dijo. _____

_____

_____

Una razón por la que valoro la persona en la que me he convertido. _____

_____

_____

Algo que hizo que hoy fuera un buen día. _____

_____

_____

ES VERDAD... ALGUNA VEZ TAN SOLO FUE UN SUEÑO
ESTAR DONDE ME ENCUENTRO AHORA.

FECHA

___ / ___ / ___

*Más sonrisas y menos preocupación. Más
compasión y menos crítica. Más bendiciones
y menos estrés. Más amor y menos odio.*

- ROY T. BENNETT

Un hecho reciente que confirma que las cosas están saliéndome bien. _____
_____
_____

Algo que le da sentido a mi vida. _____
_____
_____

Una capacidad que tengo la fortuna de poseer. _____
_____
_____

El mayor beneficio de estar vivo en este momento. _____
_____
_____

EL AMOR, LA ALEGRÍA Y LA GRATITUD SINCERA
SON PARTE NATURAL DE QUIEN SOY.

FECHA

___ / ___ / ___

La mejor forma de mantener
relaciones felices, sanas y comprensivas
puede resumirse en una palabra:
agradecimiento.

- MARCI SHIMOFF

Una crisis que me llevó a un avance. _____

_____

_____

Alguien cuya presencia hace que mi vida sea más amable.

_____

Una experiencia que me enseñó algo valioso. _____

_____

_____

Un momento en el que sentí que estaba en el lugar correcto y

en el instante preciso. _____

_____

EL AGRADECIMIENTO SE ESPARCE POR MIS
PENSAMIENTOS Y ACCIONES, Y FLUYE
HACIA MI MUNDO.

FECHA

____ / ____ / ____

Si estás leyendo esto... felicidades, estás
vivo. Si eso no es algo que te haga sonreír,
entonces no sé qué lo lograría.

- CHAD SUGG

Una segunda oportunidad que recibí. _____
_____
_____

Alguien con quien pude pasar un tiempo hoy. _____
_____

Una razón para estar agradecido de vivir donde vivo. _____
_____
_____
_____

Un pequeño detalle que tuvo alguien y que significó mucho
para mí. _____
_____

TENGO EL PODER DE CREAR UN CAMBIO
POSITIVO Y DURADERO.

FECHA

___ / ___ / ___

*Mantén la frente en alto, levanta el ánimo y, más
importante, sigue sonriendo, porque la vida es bella
y hay muchas cosas por qué sonreír.*

- MARILYN MONROE

Alguien a quien no quiero dejar pasar la oportunidad de darle

las gracias. _____

_____

Una decisión que agradezco ser capaz de tomar. _____

_____

_____

_____

El momento en que me sentí más vivo y pleno durante esta

semana. _____

_____

Una necesidad que tengo y que se está satisfaciendo ahora.

_____

_____

ME CONOZCO, CONFÍO EN MÍ Y PUEDO
SER YO MISMO.

FECHA

____ / ____ / ____

Vive cada día como si tu vida acabara
de comenzar.

- JOHANN WOLFGANG VON GOETHE

Una hermosa razón para ser feliz en este instante. _____
_____
_____

Una habilidad que poseo y que me beneficia de un modo importante. _____
_____
_____

Una razón por la que aprecio esta época del año. _____
_____
_____

Lo que más me gusta de mi comunidad. _____
_____
_____

SOY UNA VERSIÓN MUCHO MÁS AMABLE
Y FELIZ DE MÍ MISMO Y APENAS ACABO
DE COMENZAR.

FECHA

—— / —— / ——

Vive con intención. Camina hasta el filo. Escucha
con atención. Practica el bienestar. Juega con abandono.
Ríe. Elije sin arrepentimientos. Valora a tus amigos. Sigue
aprendiendo. Haz lo que te encante. Vive como si
esto fuera lo único que hay.

- MARY ANNE RADMACHER

Algo que me encuentro al despertar y que me recuerda el
regalo que significa estar vivo. _____

_____

Algo de mí mismo que nunca cambiaría. _____

_____

_____

Una razón por la que mi vida ya es maravillosa. _____

_____

_____

Alguien cuya presencia hace que mi vida sea más amable.

_____

MI ESTRÉS VA DISMINUYENDO, MI PAZ MENTAL
ESTÁ AUMENTANDO Y ME ESTOY EMOCIONANDO CON
MI FUTURO.

FECHA

____ / ____ / ____

*No siempre puedes controlar lo que pasa
afuera, pero siempre puedes controlar
lo que sucede adentro.*

- WAYNE DYER

Algo que puedo hacer hoy y que siempre quise hacer. _____
_____
_____

Un placer simple que valoro. _____
_____
_____

La mejor parte de este día. _____
_____
_____

Un pequeño detalle que tuvo alguien y que significó mucho
para mí. _____
_____

ME GUSTA SER LA PERSONA EN LA QUE
ME HE CONVERTIDO Y ME EMOCIONA LA PERSONA
EN LA QUE ME ESTOY CONVIRTIENDO.

FECHA

—— / —— / ——

Miro por la ventana y veo la luz y el
horizonte; la gente en las calles, corriendo
deprisa en búsqueda de acción, de amor...
y mi corazón empieza a bailar.

– NORA EPHRON

Una razón por la que mi vida ya es maravillosa. _____

_____

Algo maravilloso de este día que tal vez pasé por alto ayer.

_____

_____

Una razón evidente para agradecer por ser la persona en la

que me he convertido. _____

_____

_____

Un privilegio que tengo y que hasta ahora no he valorado.

_____

_____

MI VIDA ESTÁ AVANZANDO DE LA MANERA MÁS
ASOMBROSA. Y ESTOY EMOCIONADO CON MI FUTURO.

FECHA

___ / ___ / ___

El más grande descubrimiento de todos
los tiempos es que una persona puede
cambiar su futuro con el simple hecho
de cambiar su actitud.

- OPRAH WINFREY

Un pequeño detalle que tuvo alguien y que significó mucho
para mí. _____

_____

_____

Una nueva oportunidad que me dieron. _____

_____

_____

Algo que le da sentido a mi vida. _____

_____

_____

Lo que más agradezco de este momento. _____

_____

_____

ABORDO ESTE DÍA CON EL CORAZÓN ABIERTO.

FECHA

____ / ____ / ____

*Cuando nos enfocamos en nuestra gratitud,
la marea de decepción se esfuma y entra con
fuerza la marea del amor.*

- KRISTIN ARMSTRONG

Una experiencia difícil que me ayudó a transformarme en una mejor versión de mí mismo. _____

_____

_____

Algo que salió bien hoy. _____

_____

_____

Una persona, lugar o cosa que hace que mi vida sea más fácil y feliz. _____

_____

_____

Algo que tengo ahora y que siempre quise. _____

_____

_____

ESTOY AMANDO LA VIDA QUE VIVO.

FECHA

_____ / _____ / _____

*Aprecia cada pequeño y hermoso instante
de todos los días de tu vida. Haz el intento y
verás al mundo desde otra perspectiva.*

- THEA KRISTINE MAY

Una capacidad que tengo la fortuna de poseer. _____

_____

_____

Alguien cuya presencia hace que mi vida sea más agradable.

_____

_____

Una necesidad que tengo y que se está satisfaciendo ahora.

_____

_____

El mayor beneficio de estar vivo en este momento. _____

_____

_____

ESTE ES EL INSTANTE EN EL QUE SUCEDE
LA VIDA Y ESTE INSTANTE ES MÁS
QUE SUFICIENTE.

AGRADECIMIENTOS

Igual que las páginas de este diario, la autora también está colmada de agradecimiento.

En primerísimo lugar, por los muchos momentos acumulados de risa, amor y crecimiento, y por ser las hermanas de mi alma, las guardianas de mis sueños y las mejores amigas de mi corazón, un enorme agradecimiento para Tieg Alexander, Kristen Chazaud, y Kristen Petrillo.

Tieg Alexander, gracias por ser mi sabia y amada amiga, y por ser mi caja de resonancia. Estoy más que agradecida por los sucesos que nos llevaron a estar juntas y continuar felizmente asombradas del hecho de que no existe un final para el amor incondicional, el equilibrio, la reciprocidad y los momentos de Eureka que he aprendido de ti y compartido contigo.

Por la conexión intuitiva que condujo a una amistad maravillosamente nutricia, las conversaciones que llevaron a The Happiness Doctor, y por todo lo que se ha revelado de una manera hermosa desde entonces y todo lo que falta por venir, te aprecio tanto Kristen Chazaud.

Kristen Petrillo, no puedo agradecerte suficiente, amiga, por ser la persona salvaje, maravillosa y compasiva que eres y por amar todo lo salvaje, maravilloso y compasivo que hay en mí. Estoy tan agradecida de que estés en mi vida.

Gracias, Margaret Schneider, por enseñarme a convertirme en mejor escritora y mujer a través de tu guía, modelo y amable apoyo. Y por los muchos mentores que han tenido un papel tan importante en mi trayecto personal y profesional, incluyendo a Marci Lobel y Joanne Zinger, estoy increíblemente agradecida.

Mi profundo agradecimiento para Laura Khait, por los muchos años de escucharme, por tu amabilidad, compasión y generosidad eterna. También para Inna Breslin, que ha sido fuente de gratitud desde el primer día.

Gracias a todos los maestros y todas las experiencias, desde la meditación Shambhala en el Center for Living Peace, la medicina energética y los estudios y prácticas de yoga en el Sur de California, hasta las exploraciones internas en Costa Rica, los viajes por caminos vecinales y las aventuras internacionales de enseñanza que despertaron y mantuvieron mi pasión y curiosidad por ese tipo de alegría sustanciosa y auténtico «que no se puede comprar».

Por las semillas de transformación que sembré junto contigo, Suyana Cole, las conversaciones conscientes que tuve contigo, Sorinne Ardeleanu, y las exploraciones conscientes compartidas contigo, Drew Gerald, estoy muy agradecida.

Un particular agradecimiento a Karl Mertens, Juliel Lynn, Warren Greaves, Illya Engle, Luca Crespi, y toda esa gente maravillosa que me provoca tanta gratitud por el lugar que considero mi hogar: mi mundo es mejor gracias a que ustedes están en él.

Abundantes gracias a Elizabeth Castoria por la invitación a convertir las cavilaciones de mi mente y corazón en un diario de gratitud. A Sean Newcott, por cada momento de aliento y presencia, y también por tu destreza editorial. Gracias a Lisa Forde por el precioso diseño que hizo que mis palabras cobraran vida.

Asimismo, quiero dar un reconocimiento especial a mis clientes extraordinarios y valerosos; por ser una continua fuente de aprendizaje, humildad e inspiración, y por permitirme verme en ustedes y que ustedes se reflejen en mí.

Para mis colegas y amigos inspiradores, en especial Andy Viar, Caroline Whisman-Blair, Laura Parker y la comunidad de Internal Family Systems, que me ayudan continuamente a aprender como ablandar mi corazón y reconciliarme con mi mente cada día más. Es a partir de estos espacios que se escribieron estas palabras.

El agradecimiento más profundo de todos es para Izabella, Anatoly y Oleg Bershadsky por toda la vida de amor y apoyo. Su aliento por mis pasiones intelectuales y su apoyo para mis decisiones de estilo de vida poco tradicionales impulsaron mi determinación por crear y vivir una vida que de verdad adoro. Están siempre cerca de mi corazón a medida que vivo, amo y escribo.

SOBRE LA AUTORA

© CWRaw Designs

La Dra. Sophia Godkin es psicóloga de la salud, felicidóloga y coach de felicidad, relaciones y transformacional. A través del *coaching* integrado, la educación interactiva y la asesoría personalizada, Sophia ayuda a la gente a adoptar perspectivas, comportamientos y hábitos que llevan a carreras satisfactorias, relaciones gratificantes y a una vida llena de crecimiento, autenticidad y posibilidades infinitas. Como educadora en numerosas empresas y universidades dedicadas al bienestar, Sophia ha dado clases en todo el mundo sobre los principios y prácticas de la felicidad, salud y vida consciente. Ya sea a través de sesiones individuales de *coaching*, como escritora o como educadora grupal, el trabajo de Sophia es famoso por su profundidad, alegría y potencial transformador.

Cuando no está ocupada ayudando a las personas a crear vidas más sanas y felices, a Sophia le encanta caminar y montar en bicicleta en ambientes naturales, acampar y hacer senderismo, bailar salsa y bachata, practicar yoga, remar en los hermosos estanques y lagos de Idaho, nutrirse emocional e intelectualmente por medio de la lectura, la música y las prácticas de reflexión, además de disfrutar cada momento de estar viva en compañía de las asombrosas personas que considera como sus amigos. Visítala en línea a través de TheHappinessDoctor.com.

5 minutos de gratitud de Dra. Sophia Godkin
se imprimió en febrero de 2024
en los talleres de
Litográfica Ingramex, S.A. de C.V.,
Centeno 162-1, Col. Granjas Esmeralda, C.P. 09810,
Ciudad de México.